AF250692

UN

DISCOURS RENTRÉ

A LA SALLE RAGACHE

2 MAI 1880

PAR

MARCUS ALLART

EX-CANDIDAT A PARIS

CONTRE

MM. DE RÉMUSAT ET BARODET

10 Centimes

PARIS

AMYOT, ÉDITEUR, 6, RUE DE SEINE

—

1880

UN
DISCOURS RENTRÉ

A LA SALLE RAGACHE

2 MAI 1880

PAR

MARCUS ALLART

EX-CANDIDAT A PARIS

CONTRE

MM. DE RÉMUSAT ET BARODET

10 Centimes

PARIS

AMYOT, ÉDITEUR, 6, RUE DE SEINE

—

1880

J'aurais bien voulu pouvoir prononcer ce petit discours, dimanche,
à la salle Ragache. Mais l'honorable M. Robert Mitchell n'a pas eu le
temps de m'accorder la parole.

M. A.

UN

DISCOURS RENTRÉ

A LA SALLE RAGACHE

———

Messieurs,

J'espère que vous voudrez bien me permettre, après avoir eu l'honneur d'entendre nos députés à la Chambre, de venir me joindre à eux en ma simple qualité d'électeur bonapartiste, pour me féliciter encore, et nous féliciter encore tous, de la noble attitude que vient de prendre le Prince Napoléon Bonaparte dans sa lettre, désormais historique, du 5 avril dernier. Lettre qui selon nous tous, ici présents, marque l'heure de *la résurrection* pour notre parti.

Messieurs,

Le Prince Napoléon Bonaparte dans cette lettre retentissante, en brisant d'un seul mot, avec la virile résolution de sa race, *cette union conservatrice déplorable* qui nous mettait, nous Bonapartistes! *à la suite de la légitimité et du drapeau blanc*, a rendu un immense service, non seulement à notre parti, mais à la France, à notre patrie, aujourd'hui ballottée par l'orage, à laquelle il a ainsi indiqué résolûment le port où elle pourrait un jour aborder. Ce port où déjà deux fois sa race lui rendit l'Ordre, la Puissance et la Gloire ! ! !

Nous savons ce que Napoléon Ier a fait de la France de LA TERREUR ! *Quel nom pour un gouvernement ?*

Nous savons ce que Napoléon III, aujourd'hui bien moins calomnié, a fait de la France après les journées de février et de juin, où semblait devoir s'engloutir notre fortune ; comme elle a semblé devoir s'engloutir encore, dans ces jours à jamais déplorables du 4 septembre et du funeste mois de mai qui l'a suivi.

Il semblerait vraiment, depuis les grands jours de notre Révolution, que dès qu'un Bonaparte quitte le gouvernail, la guerre civile, la plus horrible, la plus épouvantable de toutes les guerres, se déchaîne avec la furie que l'on sait, malheureusement trop, sur cet infortuné pays, si resplendissant cependant, si puissant, si généreux, si héroïque et si riche aux jours de sa puissance calme et bien dirigée.

Et puis, Messieurs, remarquons ici une chose en sortant A JAMAIS (que j'aime aujourd'hui ce mot plein d'espérance !) de la prétendue Union conservatrice, le prince Napoléon Bonaparte ne se pose point comme l'adversaire *quand même et toujours* des institutions que s'est données son pays ; il les prend telles que son pays, la France, les lui présente ; il part d'un fait, et c'est comme Français, *et il l'est sans doute ?* qu'il se rallie peut-on dire à la RÉPUBLIQUE RÉVISABLE EN TOUT OU EN PARTIE ! Car ce sont là, vous le savez, Messieurs, les propres termes de l'article 8 de la Constitution Républicaine du 25 février 1875. Ce que le pays, ce que la France voudra, nous le voudrons ; *c'est elle qui est notre souveraine !* Et depuis Toulon n'est-ce donc pas là l'attitude des Napoléons ? ?

Mais, Messieurs, hâtons-nous donc d'arriver au point qui domine de haut cette lettre, *à la fois si courte et si pleine,* à la question religieuse, ce terrain brûlant aujourd'hui, sur lequel vraiment nous ne pouvions marcher plus longtemps à la suite du drapeau blanc !

Et là encore le prince Napoléon Bonaparte est venu, comme Français, proclamer qu'il venait reconnaître les lois de son pays : LES LOIS DU CONCORDAT ! Hé, Messieurs, vraiment, quoi de plus simple ; ne sont-ce donc pas là des lois présentées à la France par le premier consul Bonaparte, par le vainqueur de Lodi, d'Arcole et de Marengo ? ? ? par celui qui allait être le vainqueur d'Austerlitz et d'Iéna ! ! ! Hé, Messieurs, je m'arrête, je sais ce que la mauvaise fortune impose forcément de modestie. Mais cependant, comment ne pas se reporter un peu par l'idée vers ces temps héroïques, qui furent ceux de nos pères, déjà cependant couverts de toutes les gloires de la monarchie française, et de toutes les gloires aussi de l'indomptable valeur républicaine ? ?

Au Sénat, Messieurs, sous l'empire de Napoléon III, le prince Napoléon Bonaparte, qui y était la vivante image, je ne veux pas dire du chef de sa race, Messieurs, et ici vraiment on pourrait confondre. Le prince Napoléon Bonaparte, veux-je dire, qui était au Sénat la vivante image de l'acte *le plus généreux et le plus noble* du second Empire! Le prince Napoléon Bonaparte, gendre de l'héroïque Victor-Emmanuel, y a souvent exprimé les plus fiers, les plus généreux, les plus nobles, et j'oserai dire encore, Messieurs, les plus français des sentiments!

Un jour dans ce Sénat, Messieurs, le prince Napoléon Bonaparte disait déjà : « SANS EXAMINER SI UNE ÉGLISE NATIONALE NE ME SATISFE-« RAIT PAS PLUS QU'UNE ÉGLISE ÉTRANGÈRE, *je veux toute l'indépendance « possible entre les deux pouvoirs; je veux qu'il y ait un chef spirituel indé-« pendant du souverain temporel.* »

Oui, Messieurs, le Prince déjà se montrait homme de gouvernement, homme de prévoyance! Il comprenait que le sentiment religieux est une force avec laquelle il faut compter, comme avec le sentiment patriotique. Il sortait, il aimait à sortir, des théories vides, des aspirations vides. Et certes, ce n'est jamais lui qui aurait dit : « PLUS DE RELIGION, PLUS D'ARMÉE!! » Ces mots que nous avons vus s'étaler dans je ne sais combien de programmes chimériques et menteurs!! Non, le Prince, avant tout homme de gouvernement, indiquait que bien au contraire ses principes pourraient se résumer ainsi : « La religion « permanente, et l'armée permanente, pour la grandeur et le salut de « la France! »

Mais, Messieurs, comme pour les plus excellentes choses il y a une mesure, et on peut dire même qu'elles ne sont excellentes qu'à ce prix ; le Prince voulait une discipline pour la religion, comme pour l'armée!! Et n'est-ce donc pas, Messieurs, par l'absence de cette vertu essentielle à toute entreprise, que les meilleurs Etats souffrent et périclitent??

Messieurs, entrons sans plus de détours dans le vif du sujet... LA QUESTION CLÉRICALE!!! Messieurs, disons-le puisque c'est vrai, qui est-ce qui a compromis chez nous le sort de la religion, ne sont-ce donc pas les entreprises de la Rome Papale?? Et qu'avons-nous vu de nos jours : D'abord LE SYLLABUS, dont le gouvernement de Napoléon III défendit la lecture aux évêques de France, le 5 janvier 1865; et ensuite le *dogme*, proclamé par le Concile œcuménique de

1870, de L'INFAILLIBILITÉ PAPALE!!! DOGME *qui venait ainsi donner l'infaillibilité au Syllabus lui-même !*

Nous voici, Messieurs, en présence de la plus grande des difficultés modernes, disait hier l'*Ordre*, pendant que la *République française* disait en même temps : « Nul ne peut savoir jusqu'où conduira cette « question. »

Cette question, Messieurs, elle est malheureusement aussi simple qu'elle est redoutable. La religion inquiète s'est levée contre l'Etat, et le menace. De là désordre possible dans les idées d'abord, et dans les faits ensuite. La République pour se défendre a invoqué les lois !

L'Episcopat tout entier les conteste ! Et cependant la République a été bien modeste. Comment, l'Eglise catholique dans ses dogmes fait litière de ce qui formait la base essentielle, selon tous nos rois, selon Pierre Pithou, selon d'Aguesseau, selon Fleury, selon Portalis, selon Napoléon et tous ses ministres ; selon la Restauration à la voix de Frayssinous ; selon la monarchie de 1830, par l'éloquente voix de Dupin ; selon tous les hommes marquants du second Empire. L'Eglise fait litière, dis-je, de ce que tous ceux que je viens de citer, et j'en pourrais citer bien plus encore, considéraient comme *le Palladium des idées religieuses en France !* Ce qu'on est, en un mot, convenu d'appeler : « *Les libertés de l'Eglise gallicane,* » proclamées par le clergé de France en 1682. Ces libertés dont l'enseignement est prescrit dans tous les séminaires par l'article 24 des *articles organiques,* qui n'ont fait que reprendre les lois de Louis XIV, de Louis XV et de Louis XVI ! ! !

Et l'Église ne voudrait pas que l'État s'inquiétât. C'est impossible !! Et cependant, comme je le disais, la République indulgente n'a pas encore dit tout ce que *la loi* lui permettait, lui ORDONNAIT *de dire. Les lois du Concordat sont formelles.* Voici ce que dit l'article 3 des lois organiques :

« Les décrets des synodes étrangers, MÊME CEUX DES CONCILES « GÉNÉRAUX, ne pourront être publiés en France avant que le gou-« vernement *en ait examiné la forme, leur conformité avec les lois,* « *droits et franchises de la République française,* et tout ce qui dans « leur publication *peut altérer ou intéresser la tranquillité publique.* »

Messieurs,

La République, au nom de cet article 3, pouvait repousser le DOGME de l'*Infaillibilité Papale*. Comme Napoléon III avait déjà repoussé le Syllabus qui le précédait.

Ecoutez ce que disait Portalis de ce dogme : « Qu'avons nous besoin « de tant de doctrines pour résoudre la question, si le Pape est supé- « rieur aux Conciles, et s'il est infaillible ? Les États sont en droit, par « leur seule possession, de décider cette question. L'État n'a pas besoin « du concours du ministère ecclésiastique pour savoir si le chef d'une « société religieuse PEUT S'ATTRIBUER UNE NOUVELLE PRÉ- « ROGATIVE ABSURDE, et *contraire à la tranquillité et à la con-* « *servation des Etats*, et *que d'autres ecclésiastiques* (les Évêques !) « *seraient peut-être intéressés à lui accorder.* »

N'est-ce donc pas toute l'histoire du Concile et de son prétendu dogme ?? que Portalis appelait encore : « UN DOGME ÉVERSIF DE L'ÉTAT ! »

Et voici ce que disait un jour Napoléon au clergé de la Dyle :

« *Les Papes ont fait trop de sottises pour les croire infaillibles.* Qui « est-ce qui a fait le schisme d'Angleterre, de la moitié de l'Alle- « magne ? N'est-ce pas les prétentions des Papes, les opinions de « Rome ? *Je ne souffrirai par ces prétentions ; le siècle où nous sommes* « *ne les souffrira plus. Autant nos armées ont rendu la France glorieuse,* « *autant les peuples qui nous suivront attacheraient d'ignominie à ma* « *mémoire* ET ME RENDRAIENT RESPONSABLE DES CONSÉQUENCES. Je ne « suis pas de cette religion de Grégoire VII, qui n'est pas celle de « Jésus-Christ ; JE ME FERAIS PLUTOT PROTESTANT QUE DE « L'ADOPTER ; mais j'ai pris un autre plan. »

Aujourd'hui, nous le savons, son plan est définitivement détruit par le dogme RÉVÉLÉ PAR DIEU du dernier concile œcuménique ! *où les principes* de Rome se sont affirmés *à jamais*, en donnant l'infaillibilité aux doctrines contenues dans le Syllabus, *cette constitution*, CETTE CHARTE désormais, *de l'éternité et de tous les Etats catholiques.*

Que ferait donc Napoléon aujourd'hui, lui si fier, si indomptable, en présence de tout son plan AINSI DÉTRUIT ET RENVERSÉ ? Lui qui déjà, *sur de simples prétentions* de Rome, écrivait aux cardinaux, archevêques et évêques de son temps, le 16 mai 1811 :

« *Je ne saurais plus regarder le Concordat comme existant*, et je ne puis accepter la modification que vous me présentez. Un contrat synallagmatique est nul quand une des parties l'a violé. »

Messieurs, grave problème ; grande question qui se lève à l'horizon de la France, qui certes ne voudra pas reculer devant les prétentions de Rome, *et biffer ses lois pour les admettre !* Cela est bon pour Henri V et son héritier, le comte de Paris, Henri VI, sans doute ?

Quant à nous, soyons heureux d'avoir vu notre prince aborder résolûment cette question en se séparant de la légitimité, et de l'avoir vu nous dire : « *Je reste avec la Nation et avec ses lois !* » Et permettez-moi de finir sur ses mots de lui, succédant si bien à ceux de son oncle immortel, en de si graves circonstances ; ces mots par lesquels il nous assurait au Sénat : qu'il préférerait toujours UNE EGLISE NATIO - NALE *à une Eglise étrangère !!!*

Ces mots, Messieurs, ils contiennent la moitié des espérances de l'avenir. Ces mots veulent dire sans doute, chez nous : « *Reconstitution de la Religion !* » comme celui qui les a prononcés sera sans doute, un jour : *la reconstitution de la Nation.* Cette nation que Napoléon nous dit avoir salué le premier, du milieu des camps, du nom de la *grande nation !*

Nom qui lui est resté !

Ce qui vient de se passer à la Chambre est trop important pour que je n'en dise pas un mot !

Voici ce qu'à dit *M. le Ministre de la Justice* : « Le décret de messidor an XII prononce la dissolution des congrégations religieuses non autorisées qui étaient formées à cette époque ou qui pourraient se former à l'avenir.

« C'est là, la sanction que j'appellerai administrative, *celle qui peut être appliquée en vertu d'arrêtés préfectoraux, et qui est susceptible d'être exécutée* MANU MILITARI ! »

Le Ministre de la Justice ajoute : « On a dit que ces lois avaient été *abrogées* par désuétude.

« Je ne me permettrai pas d'insister sur ce point, je ferais sourire les jurisconsultes qui se trouvent dans cette assemblée. DANS NOTRE

LEGISLATION LES LOIS NE S'ABROGENT PAS PAR DÉSUÉ-
TUDE ! »

Ces paroles de M. le Ministre de la Justice ne sauraient trop être
méditées ! A quand l'application MANU MILITARI *des autres lois non abrogées par désuétude* qui se trouvent dans les lois du Concordat, *lois que
la République a laissé violer trop longtemps ! lois bien* PLUS IMPORTANTES
que celles qu'elle va appliquer aujourd'hui MANU MILITARI ! !

Et ici rappelons-nous donc les paroles de notre prince : « Pourquoi
« donc nos amis attaqueraient-ils ces décrets ?

« *Est-ce parce qu'ils sont appuyés sur les lois de l'Empire et qu'ils*
« *renouvellent les prescriptions trop longtemps négligées du Concordat*
« (PAS TOUTES !)? CE SERAIT UNE ETRANGE FAÇON DE SE
« MONTRER BONAPARTISTE.

« Est-ce qu'ils sont l'œuvre de la République? *Seules les oppositions*
« *sans principes et sans moralité nient le bien par haine de la main qui le*
« *réalise.* »

Comment expliquer maintenant le vote de MM. Robert Mitchell et
Cunéo d'Ornano ?... *Ils ont voté avec MM. Lamy et Bisaccia ! !*

Est-ce que l'Union conservatrice tient toujours ?... et malgré le
prince, j'allais dire malgré..... ???

P.-S. — Et puisque nous avons parlé *de moralité*, remercions encore la République des efforts qu'elle sait faire, *aidée par les pères de
famille qui composent les conseils municipaux*, pour purger la France de
cet effroyable enseignement congréganiste dont les épouvantables
exploits font retentir sans cesse les tribunaux et les cours d'assises.

Nous lisons dans le *Républicain de la Loire* :

Par arrêté du 30 avril, M. le préfet de la Loire a prononcé :

1° La révocation du sieur D..., en religion frère T..., instituteur
communal à Balbigny, qui a fait preuve d'une coupable négligence et
d'un manque de surveillance, en laissant se perpétrer dans l'école
qu'il dirige des actes honteux et criminels ;

2° La suspension pendant trois mois, avec privation totale du trai-
tement, du frère T..., instituteur-adjoint à Balbigny, qui a l'habitude
d'infliger des punitions corporelles à ses élèves et a, notamment, puni
d'un coup de pied dans les reins un enfant qui bavardait en classe.

Ces deux instituteurs appartiennent à l'ordre des Petits-Frères de
Marie, de Saint-Genis-Laval (Rhône).

A la suite du scandale causé par les attentats à la pudeur commis sur des élèves de l'école de Balbigny par le sieur G..., frère cuisinier, qui est en ce moment entre les mains de la justice, le conseil municipal de Balbigny a exprimé à l'unanimité un vœu tendant au renvoi immédiat des frères et à leur remplacement par des instituteurs laïques.

M. le préfet a approuvé ce vote, qui va recevoir son exécution.

M. Herbette, préfet de la Loire-Inférieure, vient de prendre, à la date du 2 courant, un arrêté révoquant de leurs fonctions le frère directeur de l'école communale congréganiste de Paimbeuf et son adjoint, pour faits d'immoralité.

Le *Progrès de la Côte-d'Or* rapporte que l'abbé G..., curé de Gergueil, prévenu d'attentats à la pudeur, qui avait jugé prudent de se réfugier en Suisse, a été arrêté à Einsielden (canton de Zurich), et a été remis par les autorités suisses à la justice française. Il a été écroué avant-hier à la maison d'arrêt de Dijon.

Jeudi a été appelée devant la chambre des appels correctionnels de la Cour de Toulouse l'affaire de M. R..., curé de Ganac (Ariège), et d'une institutrice, inculpés d'outrages publics à la pudeur.

Dans son audience de vendredi, la Cour a renvoyé l'affaire à huitaine pour un supplément d'information.

Il y a deux mois, M. l'abbé F..., curé de Nanteuil-la-Fosse, canton de Châtillon, était poursuivi correctionnellement, à Reims, sous la prévention d'outrage public à la pudeur commis dans la sacristie sur une jeune fille de 17 ans, Mlle A. D... Le prêtre protestait; Mlle D... affirmait n'avoir jamais entretenu avec lui que des rapports avouables. Le tribunal ne trouvant pas les charges suffisamment établies, et jugeant d'ailleurs qu'une sacristie ne saurait être considérée comme un lieu public, acquitta le prévenu.

Le ministère public a interjeté appel de cette décision. La chambre des appels correctionnels de la Cour de Paris est saisie de l'affaire. M. l'avocat général Loubers occupant le siège du ministère public, Me Paris, du barreau de Reims, le banc de la défense. Le huis clos a été prononcé. L'arrêt sera rendu samedi prochain.

M. Bargeton, préfet du Lot, vient de révoquer de son emploi d'instituteur communal à Carjarc, le sieur V..., en religion frère Irlide.

L'arrêté porte qu'il s'est produit dans l'école communale de Carjarc, des actes nombreux d'obscénité qui étaient à la connaissance de la plupart des élèves de cette école, et que le sieur V... s'est rendu coupable, tout au moins, d'une négligence et d'une imprévoyance qui ont eu pour résultat de jeter les germes de corruption dans un établissement d'éducation confié à sa surveillance.

Le *Courrier de l'Aisne* annonce que le parquet de Vervins est saisi d'une plainte d'attentats à la pudeur, sur de jeunes enfants, commis par le frère L. R..., professeur dans l'établissement dirigé à Guise par les frères de Marie.

Le parquet, saisi de l'affaire par des parents, a commencé une enquête. R... n'en a pas attendu le résultat et s'est empressé de prendre la fuite.

Le *Courrier de l'Aisne* ajoute que certains parents vont se porter partie civile contre l'établissement des frères de Marie.

On mande de Mazamet à la *Dépêche* de Toulouse que la police vient d'arrêter et d'écrouer un ecclésiastique inculpé d'avoir violé treize jeunes filles.

A QUAND LE MARIAGE DU CLERGÉ??

Paris. — Typ. A. PARENT, rue Monsieur-le-Prince, 29 et 31.